LE
RÉGIME DOTAL

SES AVANTAGES, SES INCONVÉNIENTS

ET LES

MODIFICATIONS QU'IL POURRAIT COMPORTER

PAR

H. PASCAUD

CONSEILLER A LA COUR D'APPEL DE CHAMBÉRY
CORRESPONDANT DU MINISTÈRE DE L'INSTRUCTION PUBLIQUE

(Mémoire lu au Congrès des Sociétés savantes à Toulouse, le 5 avril 1899)

PARIS

ANCIENNE LIBRAIRIE THORIN ET FILS

ALBERT FONTEMOING, EDITEUR

Libraire des Écoles françaises d'Athènes et de Rome,
du Collège de France, de l'École Normale Supérieure
et de la Société des Etudes historiques

4, RUE LE GOFF, 4

1899

LE

RÉGIME DOTAL

Extrait de la *Revue générale du droit*.

TOULOUSE. — IMPRIMERIE A. CHAUVIN ET FILS, RUE DES SALENQUES, 28.

LE
RÉGIME DOTAL

SES AVANTAGES, SES INCONVÉNIENTS

ET LES

MODIFICATIONS QU'IL POURRAIT COMPORTER

PAR

H. PASCAUD

CONSEILLER A LA COUR D'APPEL DE CHAMBÉRY
CORRESPONDANT DU MINISTÈRE DE L'INSTRUCTION PUBLIQUE

(Mémoire lu au Congrès des Sociétés savantes à Toulouse, le 5 avril 1899)

PARIS

ANCIENNE LIBRAIRIE THORIN ET FILS

ALBERT FONTEMOING, EDITEUR

Libraire des Écoles françaises d'Athènes et de Rome,
du Collège de France, de l'École Normale Supérieure
et de la Société des Etudes historiques

4, RUE LE GOFF, 4

1899

LE RÉGIME DOTAL

SES AVANTAGES, SES INCONVÉNIENTS ET LES MODIFICATIONS QU'IL
POURRAIT COMPORTER

(Mémoire lu au Congrès des Sociétés savantes à Toulouse, le 5 avril 1899)

I

Le régime dotal, ainsi appelé non point parce qu'il n'y a de
dot constituée, c'est-à-dire de biens apportés par la femme au
mari pour faire face aux charges du ménage que sous ce régime, mais bien parce que la préservation et la restitution de
la dot y sont entourées de garanties spéciales, nous vient du
droit romain. Son but est indiqué par les jurisconsultes de cette
époque : *Reipublicae interest mulierum salvas esse dotes.* In-
strument de conservation, mais non de progrès, et d'accroissement du patrimoine des époux, ce régime matrimonial fut
conçu tout d'abord exclusivement dans l'intérêt de la femme,
qui avait le droit de se faire restituer sa dot lors de la dissolution du mariage ou en cas de séparation de biens par suite du
mauvais état des affaires du mari, et pour que cette restitution
ne fût pas impossible, bénéficiait d'une disposition portant que
les biens dotaux ne pourraient être aliénés sans son consentement. Ce fut surtout en vue de faciliter les seconds mariages
que la loi édicta ces prescriptions. Plus tard, sous Justinien,
elles reçurent une extension bien caractéristique, et cela dans
l'intérêt non plus de la femme seule, mais de la famille. Dé-
sormais, le mari ne put aliéner, ni hypothéquer le fonds dotal

même avec l'assentiment de la femme ; pendant la durée du mariage, il eut la jouissance de la dot avec tous les pouvoirs d'un usufruitier. Chargé de pourvoir aux besoins du ménage, c'est à lui qu'incomba le payement des dettes contractées dans ce but, et à lui qu'appartinrent corrélativement les économies réalisées.

Du droit romain, le régime dotal a passé dans notre ancien droit avec ses traits essentiels et ses triples éléments : patrimoine propre du mari, biens dotaux de la femme présents et à venir, biens paraphernaux de la femme, c'est-à-dire exempts de dotalité. Tandis que le nord et le centre de la France, régions de droit coutumier, adoptèrent comme régime de droit commun la communauté de biens entre époux, la Normandie et le Midi, appelés pays de droit écrit, restèrent soumis au régime dotal.

On sait que lors de la discussion du Code civil, la lutte fut des plus vives entre le régime dotal et le régime de la communauté. Le projet présenté au Conseil d'Etat se prononçait en faveur de la communauté légale en tant que régime matrimonial de droit commun, devant être par conséquent celui auquel seraient soumis les époux mariés sans contrat. Portalis, Malleville demandaient qu'il n'y eût pas de régime de droit commun, et que les époux ne pussent en avoir d'autre que celui qu'ils auraient choisi eux-mêmes. Selon eux, la communauté était inconnue dans les pays de droit écrit, et on ne pouvait leur imposer un système qui était profondément en désaccord avec leurs mœurs sociales et leurs traditions : C'est alors que le Conseil d'Etat, tout en maintenant la communauté comme régime de droit commun, admit en principe que l'inaliénabilité de la dot était un système qui pouvait être laissé au choix des contractants, et se décida ensuite à réglementer le régime dotal avec les conditions dans lesquelles il fonctionne aujourd'hui.

Ce régime, depuis la promulgation du Code civil, a largement prêté à la critique. Si, en effet, il présente certains avantages, il est loin d'être dépourvu d'inconvénients. Nous aurons plus loin à mettre les uns et les autres en balance dans un consciencieux examen, mais préalablement il nous paraît utile de rechercher ce qu'est le régime dotal dans quelques législations étrangères sur lesquelles nous avons pu être suffisamment documentés : sans doute nous y pourrons puiser d'utiles renseignements et de précieux éléments de comparaison. C'est par les pays qui diffèrent le plus du nôtre en ce qui concerne l'organisation de la dotalité que nous allons commencer cette étude de droit comparé.

En Espagne, d'après le Code civil de 1889, le régime dotal ne ressemble ni à ce qu'il était dans le droit romain, ni à ce qu'il est en France et en Italie. La dot n'est pas inaliénable, et le mari peut l'aliéner ou l'hypothéquer moyennant le consentement de sa femme. Cette dernière, en cas d'aliénation consommée sans son assentiment formel, est sans action contre l'acquéreur et n'a de recours que contre son mari. Sans doute, en droit strict, l'inaliénabilité n'est pas de l'essence du régime dotal, puisqu'elle peut être stipulée dans d'autres systèmes matrimoniaux. C'est vrai, mais il n'en est pas moins exact qu'elle est associée à ce régime depuis un temps immémorial, et par conséquent il semble qu'elle doit être réputée former une de ses qualités constitutives.

Une autre particularité à noter, c'est que dans le régime dotal espagnol la dot est obligatoire pour les parents, sauf au cas où les filles ayant besoin du consentement de ces derniers, contractent mariage sans l'avoir obtenu. Cette dot doit consister en la moitié de la légitime ; mais si la fille possède à titre personnel des biens équivalents à cette moitié, l'obligation prend fin, ou ne subsiste que pour la différence, lorsque la valeur de ces biens est inférieure à ladite moitié.

La dot est estimée ou non estimée. A défaut d'indication expresse du contrat de mariage, elle est présumée avoir été constituée sans estimation. Lorsque, au moment de sa constitution, les biens qui la composent ont été évalués avec mention formelle de cette évaluation et du but qu'elle poursuit, ils deviennent la propriété du mari, à la charge pour celui-ci d'en restituer la valeur à la dissolution du mariage ou lors de la séparation de biens, dans le cas où il est interdit pour prodigalité et dans certaines circonstances spéciales où les tribunaux ont le droit d'ordonner la restitution. La plus-value et la moins-value de la dot sont pour le compte du mari. Mais s'il a été lésé dans l'évaluation, il a le droit de réclamer. Le mari est tenu d'inscrire à son nom et d'hypothéquer au nom de sa femme les immeubles et droits réels compris dans la dot estimée, et au besoin d'autres suffisants pour garantir le montant de l'estimation. Il doit fournir une hypothèque spéciale pour tous les autres biens qui lui ont été remis à titre de dot estimée, mais en aucun cas le montant de la garantie ne peut excéder le quantum de l'évaluation. Si la dot estimée se compose en tout ou en partie d'effets publics ou de valeurs cotées que l'hypothèque exigée du mari ne peut suffisamment garantir, les titres, inscriptions et documents qui s'y réfèrent sont déposés, au nom de la femme, à la caisse générale des dépôts ou à la banque d'Espagne. Le droit de disposition du mari devenu propriétaire ne lui permet pas toutefois d'aliéner ou d'hypothéquer les immeubles qui seraient inscrits comme dotaux sur les registres hypothécaires ; pour le faire, il a besoin du consentement de sa femme.

Si la dot n'est pas estimée, ce qui a lieu quand la femme conserve la propriété des biens évalués ou non que le mari est tenu de restituer en nature, c'est elle qui bénéficie de leur plus-value ou supporte leur moins-value, et le mari, dans ce dernier cas, n'est responsable que de ses fautes. Majeure, la femme peut aliéner, grever ses biens d'hypothèques avec l'autorisation maritale ; mineure, il lui faut, pour le faire, l'autorisation du juge et de ses représentants légaux. En cas d'aliénation, le mari doit constituer une garantie dans les mêmes conditions que pour la dot estimée. Le mari est administrateur et usufruitier de la dot non estimée ; il en perçoit les fruits et revenus à charge de subvenir aux besoins du ménage. Mais les économies qu'il réalise ne deviennent sa propriété que si les époux ont formellement exclu de leurs conventions matrimoniales la société d'acquêts, laquelle se combine de plein droit, sauf clause contraire, avec le régime dotal. Cette société, que le mari administre avec les pouvoirs les plus étendus, comprend tous les revenus des conjoints pendant la durée du mariage. Quant aux biens dotaux, à moins qu'il ne s'agisse de choses fongibles, le mari n'en a pas la disposition, et il doit les rendre tels qu'ils sont.

Cette présomption de la coexistence d'une société d'acquêts avec le régime dotal est une disposition sagement conçue. Elle

ne nuit pas à la liberté des contractants qui peuvent toujours
y déroger; en ce qui concerne la femme, elle est éminemment
favorable à ses intérêts, puisqu'elle l'associe complètement à
la prospérité du ménage dont elle a souvent été le facteur
principal, et lui attribue, ce qui est de toute justice, sa part
dans les économies réalisées.

En Italie, c'est le Code civil de 1865 qui a réglementé le régime dotal. A certains égards, ses dispositions se rapprochent
de celles qui sont en vigueur chez nous; mais sous d'autres
rapports, elles en diffèrent profondément. Ainsi, en dehors des
cas où l'aliénation et l'hypothèque de la dot sont permises par
le contrat de mariage, la dot et les droits dotaux de la femme
ne peuvent être aliénés ou hypothéqués pendant le mariage en
faveur de qui que soit, et ces droits ne peuvent être non plus
réduits ou restreints que du consentement du mari et de la
femme, et au moyen d'une ordonnance du tribunal qui peut
en donner l'autorisation dans les cas seulement de nécessité
ou d'utilité évidente (art. 1405 C. civ.). Le législateur italien
n'a donc pas voulu limiter strictement, comme le font certaines autres lois, les cas où l'aliénation peut être autorisée.
Cette disposition, qui laisse au juge plus de latitude d'appréciation, tempère heureusement la rigueur du principe de
l'inaliénabilité; les tribunaux, sans être emprisonnés dans un
texte inéluctable, peuvent, à charge de constater la nécessité
ou l'utilité d'une aliénation, l'autoriser sans compromettre les
intérêts privés. Organes des besoins sociaux, ils ont ainsi la
faculté de s'inspirer, dans leur jurisprudence, des inconvénients que présente pour les tiers et pour les époux eux-mêmes
un régime matrimonial qui manque de souplesse et d'adapta-
bilité aux conditions économiques, lorsqu'il est pratiqué,
comme chez certaines nations, avec sa rigidité primitive. N'y
aurait-il pas lieu de faire notre profit de cette remarquable in-
novation ?

Nous apprécions beaucoup moins le texte qui donne au mari
le droit de faire révoquer l'aliénation indue pendant le mariage,
tandis que la femme ne peut l'exercer qu'après la dissolution.
Mais ce qui surtout nous paraît inadmissible, c'est d'édicter
qu'une fois le mariage dissous, on peut procéder à des mesures
d'exécution sur les biens qui ont constitué la dot, même pour les

obligations constituées par la femme durant le cours de l'union conjugale. Dans notre droit français, le régime dotal implique la nécessité de la conservation des biens dotaux non seulement dans l'intérêt de la femme et des époux pendant le mariage, mais aussi dans l'intérêt des enfants après sa dissolution. C'est là qu'est la vérité, et quels que puissent être les avantages économiques du système italien en vertu duquel le patrimoine dotal figure toujours parmi les éléments de crédit de la femme, sauf à suspendre durant le mariage l'exécution des engagements pris par elle, nous ne pouvons donner notre approbation à une aussi étrange conception de l'inaliénabilité dotale. N'en déplaise à M. Gide et d'accord avec M. Guillouard, il faut reconnaître que les dispositions du Code italien qui règlent la matière sont contraires à l'esprit même du régime dotal.

Le mari, de même que dans notre droit, a sur la dot les pouvoirs les plus étendus comme administrateur et comme usufruitier. Il est tenu de subvenir aux charges du ménage; mais les économies qu'il réalise sur les fruits et revenus lui appartiennent, à moins qu'elles ne deviennent communes par l'adoption d'une société d'acquêts qu'on peut toujours stipuler, mais qu'il serait préférable de combiner de plein droit avec le régime dotal. Les effets de l'estimation ou de la non-estimation des biens immeubles ou meubles dotaux sont les mêmes que chez nous. Le mari n'est pas tenu de donner caution pour la dot, sauf clause expresse du contrat de mariage. Toutefois, s'il survient après le mariage une transformation ou une diminution de son patrimoine qui mette la dot en danger, et si celui qui en est le débiteur est du nombre des personnes qui seraient tenues de fournir des aliments, le tribunal peut, sur la demande de ce dernier, prescrire les garanties opportunes pour la sûreté de la dot.

Nous arrivons maintenant aux pays où le régime dotal se rapproche davantage de l'organisation qu'il a reçue chez nous. En Allemagne, ce régime, que le nouveau Code civil appelé à devenir exécutoire en 1900, n'a pas réglementé, est à l'état d'exception et ne tardera pas à passer à l'état de souvenir. On le rencontre dans quelques provinces de la Prusse, dans la Bavière, le Mecklembourg et la Hesse. Il conserve les traits caractéristiques généraux du droit romain.

A côté du régime dotal se trouve principalement dans la Saxe un système matrimonial qui s'en rapproche : l'usufruit marital (Ern. Lehr, *Eléments de droit civil germanique*, p. 370). Ce régime attribue au mari tous les droits et toutes les obligations de l'usufruitier sur les biens qui appartiennent à la femme, qu'ils soient dotaux ou paraphernaux. La distinction que fait le régime dotal entre ces deux sortes de biens au point de vue de la jouissance n'exerce aucune influence sur les droits du mari dans le système de l'usufruit marital ; aussi la jurisprudence considère-t-elle comme dotal dans son entier à cet égard le patrimoine apporté par la femme, alors même qu'une partie aurait le caractère de la paraphernalité. Le mari n'est pas tenu de fournir caution, mais il est obligé de pourvoir à l'entretien de la femme et des enfants conformément à leur condition sociale. De son côté, la femme conserve l'exercice de tous les droits et prérogatives qui ne sont pas incompatibles avec l'usufruit de son mari.

Le Portugal, dans son Code civil de 1867, admet le principe de l'inaliénabilité dotale. La dotalité peut s'appliquer aux biens présents et à venir ; elle comporte, en ce qui concerne la constitution de dot, des dispositions assez minutieuses aux termes desquelles les biens liquides doivent être l'objet d'une spécification dans le contrat de mariage ; les biens non liquides y doivent être indiqués par leur titre, puis après la liquidation spécifiés. Les biens à venir sont également spécifiables dans les six mois de leur réception par le mari. La valeur des biens meubles est déterminée dans la constitution de dot et, si elle comprend de l'argent comptant, l'emploi en doit être fait, dans les trois mois de la célébration du mariage, en immeubles, en rentes consolidées, en actions de compagnies ou en obligations avec intérêts, par acte public et sur hypothèque. La sanction de toutes ces prescriptions consiste, si elles ne sont pas observées, en ce que ces divers biens doivent être considérés comme entrant dans la communauté. Quand le mariage a duré dix ans depuis l'échéance des termes de payement convenus, la femme ou ses héritiers peuvent répéter le montant de la dot contre le mari, en cas de dissolution de l'union conjugale ou de séparation de biens, sans être tenus de prouver sa réception effective par ce dernier, à moins que celui-ci ne justifie de diligences inutilement faites pour être payé.

Les immeubles frappés de dotalité sont inaliénables en principe, si ce n'est pour procurer l'établissement, par mariage ou autrement, des enfants communs, pour fournir des aliments à la famille, pour payer les dettes de la femme ou de ceux qui l'ont dotée, lorsque ces dettes, constatées par acte authentique, sont antérieures au mariage et pour faire des réparations indispensables aux immeubles dotaux. La règle de l'inaliénabilité comporte encore des exceptions si les immeubles soumis à la dotalité sont inséparables d'autres biens non dotaux ; s'ils doivent être échangés pour d'autres biens de valeur égale ou supérieure qui leur sont subrogés, et enfin dans le cas d'expropriation publique. Sauf en cette dernière hypothèse, l'aliénation n'a lieu qu'avec l'autorisation de justice. Le prix des biens expropriés ou aliénés parce qu'ils sont inséparables de biens non dotaux doit être employé à l'acquisition de biens d'égale valeur, et il y a subrogation de ces derniers aux autres. Ces dispositions, comme on le voit, ont beaucoup d'analogie avec celles de notre Code civil et, comme à elles, on peut leur reprocher une trop grande rigidité.

Nous aimons beaucoup mieux la sanction que le droit portugais édicte pour assurer l'observation du principe de l'inaliénabilité dotale. S'agit-il de meubles frappés de dotalité ? La femme peut les revendiquer soit pendant le mariage, soit après sa dissolution, soit depuis la séparation à la condition que le mari n'ait pas de biens qui puissent répondre de la valeur des meubles aliénés, et que si les aliénations faites tant par lui que postérieurement par des tiers ont toutes eu lieu de mauvaise foi ou à titre gratuit. Quant aux immeubles dotaux, la femme peut toujours exercer sa revendication aux mêmes époques. Le mari, qui a engagé ou aliéné sans droit des biens dotaux est passible de tous dommages-intérêts tant envers sa femme qu'envers les tiers auxquels il n'a point révélé la nature des biens à eux transmis. Ainsi on n'ajourne pas, comme chez nous, jusqu'après la dissolution du mariage ou après la séparation, l'exercice du droit de la femme tendant à faire anéantir l'acte qui lui porte préjudice ; le mari, qui demeure responsable, ne jouit pas de la faculté de faire invoquer au cours du mariage une aliénation qui n'a pu avoir lieu que par sa faute,

soit par suite d'une connivence coupable avec sa femme, soit
par suite d'un dol par lui pratiqué vis-à-vis des tiers. Ce système, plus moral quant au mari qui est puni de ses fautes qui
ne sont pas rejetées sur l'acquéreur, a l'avantage de permettre
à la femme de faire aboutir sans trop de retard la revendication à laquelle elle peut légitimement prétendre.

Le mari a l'administration et la jouissance des biens dotaux.
Il peut se faire rembourser par la femme ou ses héritiers les
améliorations nécessaires ou utiles qui y ont été apportées,
mais seulement jusqu'à concurrence de la plus-value acquise
au moment de la restitution. Il n'en est pas de même quant
aux améliorations voluptuaires : le mari ou ses héritiers n'ont
que le droit de les enlever, pourvu qu'il n'en résulte aucune
dégradation de l'objet soumis à la dotalité.

Au Mexique, d'après le Code de 1871, le régime dotal présente cette particularité que la dot peut se constituer même
après la célébration du mariage, et que si le père ou la mère
est le constituant, elle ne doit pas s'imputer sur la part héré-
ditaire des filles dotées. L'inaliénabilité, l'interdiction d'hypothéquer les immeubles dotaux sont de règle lorsqu'elles résul-
tent d'une clause expresse de la constitution de dot. Dans les
autres cas, le mari a la faculté d'aliéner s'il assure la restitution du prix par une hypothèque sur ses propres biens, ou
même sur ceux dont l'aliénation a été réalisée par lui. De son
côté, la femme a le droit d'aliénation ou de constitution d'hypothèque sur les immeubles ou les meubles précieux dotaux,
en vue de doter ou d'établir ses enfants d'un autre lit, lorsque
l'hypothèque de garantie n'a pas encore été établie par le mari.
Les deux époux d'accord peuvent aliéner dans le cas de non-
constitution de cette hypothèque, sans qu'il soit besoin pour
cela d'être autorisés par la justice, ce qui est singulièrement
dangereux dans les mêmes circonstances que celles visées par
le Code portugais. Si l'aliénation a été irrégulière, la femme
a la faculté de la faire annuler même pendant le mariage et
quoiqu'elle y ait consenti, mais pour les meubles précieux sa
revendication ne peut s'exercer qu'à l'encontre du premier acquéreur, à moins que les acquéreurs subséquents ne soient de
mauvaise foi ou n'aient reçu ces objets à titre gratuit.

Le mari a l'administration et l'usufruit de la dot ; il dispose

même des meubles toutes les fois qu'il n'existe pas de clause
d'inaliénabilité absolue. Mais si ces meubles consistent en argent ou en joyaux, il n'a ce droit de disposition qu'en donnant
une hypothèque sur ses biens afin d'en assurer la restitution.
La loi mexicaine contient aussi diverses distinctions entre la
dot estimée et la dot non estimée. En ce dernier cas, si les
immeubles ont subi une aliénation, s'il s'agit de meubles aliénés ou de numéraire, les délais de restitution sont de six mois
après la dissolution du mariage ou la séparation de biens.
Lorsque l'immeuble a été estimé, c'est le montant de cette estimation seule que doit le mari.

Ce qui caractérise ce régime dotal, c'est l'extrême facilité
avec laquelle les deux époux, sauf à s'entendre entre eux, peuvent consommer l'aliénation des biens soumis à la dotalité. Il
y a là pour la famille, pour la femme elle-même, un redoutable péril ; leur avenir peut être irrémédiablement compromis.
Cette désastreuse conséquence pourrait être évitée si le mari
et la femme étaient tenus de recourir à l'autorisation de la justice, qui alors pourrait mettre un frein aux dilapidations du
patrimoine dotal et familial.

Le Code civil péruvien de 1852 dispose que la constitution
de dot est obligatoire pour l'ascendant paternel, à moins que
la descendante, mineure de vingt et un ans, ne se marie sans
son consentement, ou que s'il s'agit d'une majeure, l'ascendant ne puisse justifier des motifs qui l'empêchent de consentir,
ou encore que la fille ne possède des biens d'une valeur égale
à celle de sa légitime. Dans le cas où les parents sont obligés
de doter leur fille, c'est le juge qui en fixe la quotité d'après
les circonstances, mais cependant de manière à ne pas excéder
cette même moitié de la légitime dont nous venons de parler,
en la calculant à l'époque de la constitution dotale. La femme
conserve la propriété des biens dotaux de toute nature, à l'exception de ceux qui sont des choses fongibles. Le mari est
grevé d'une hypothèque légale garantissant la restitution de
la dot.

Il ne peut aliéner ni hypothéquer, ni engager les biens dotaux dont la femme a conservé la propriété sans le consentement exprès de celle-ci, laquelle, en ce qui concerne les immeubles, objet d'une aliénation indue, a tout à la fois un droit

de revendication contre les tiers acquéreurs et un recours contre son mari. Le consentement de la femme ne se prouve qu'au moyen de la signature de celle-ci apposée sur l'acte. C'est à vrai dire un singulier régime dotal que celui qui fait fléchir la règle de l'inaliénabilité devant le seul consentement des deux époux sans l'intervention de la justice.

Le mari a aussi la faculté d'aliéner les biens dotaux sans l'assentiment de sa femme, mais avec l'autorisation du juge, et celui-ci ne peut l'accorder qu'après avoir entendu la femme. Il est ainsi procédé lorsqu'il s'agit de fournir des aliments aux enfants, de doter les filles, d'établir les fils, de faire les réparations nécessaires aux immeubles, de partager les biens indivis formant la dot qui ne sont pas commodément partageables. L'aliénation est encore permise lorsqu'il y a lieu d'en employer le prix à l'exercice d'une industrie dont les produits seront plus avantageux que ceux des biens dotaux insuffisants pour couvrir les dépenses ordinaires du ménage, ou encore quand les immeubles sont éloignés, s'il y a avantage à les vendre pour en acquérir d'autres sur les lieux. En ce qui touche les pouvoirs du mari, il n'y a rien de particulier à signaler : ils sont ceux d'un usufruitier qui perçoit les produits et revenus des biens dotaux, pourvoit aux dépenses familiales, et fait l'excédent des fruits sien, sauf convention contraire.

II

Pour qu'on puisse se rendre compte des modifications dont est susceptible le régime dotal tel qu'il fonctionne en vertu de notre législation civile et de la jurisprudence, il importe maintenant d'exposer sommairement l'ensemble de ses règles. On saisira mieux de la sorte les avantages et les inconvénients qu'il présente.

La constitution de dot ne suffit pas pour l'adoption par les époux du régime dotal; il faut qu'il y ait à cet égard dans le contrat de mariage une déclaration expresse qui, sans avoir rien de sacramentel, ne laisse aucun doute aux tiers qui traiteront avec eux sur la nature du régime matrimonial choisi. La condition de dotalité peut s'appliquer à tous les biens présents et à venir de la femme, à une partie de ces mêmes biens, ou à tous ses biens présents seulement; mais lorsqu'elle est stipulée en termes généraux, elle ne comprend pas les biens à venir. La dot ne peut être constituée, ni même augmentée pendant le mariage, et ce, en vertu du principe de l'immutabilité des conventions matrimoniales. Quand la constitution dotale émane des père et mère conjointement, sans distinction de la part de chacun, elle est réputée faite par portions égales. Si la dot est constituée par le père seul pour droits paternels et maternels, la mère, quoique présente au contrat, ne sera pas engagée, et le père seul en assumera la charge. Dans le cas où le survivant des père ou mère constitue une dot pour biens paternels et maternels, sans spécifier dans quelle proportion, cette dot se prend d'abord sur les droits du futur époux dans le patrimoine du conjoint prédécédé, et le surplus sur les biens du donateur. Bien que la fille dotée ait des biens à elle propres dont jouissent ses parents, la dot doit être prise sur les biens des constituants, sauf convention contraire. La loi dispose, en outre, que ceux qui fournissent une dot sont tenus à garantie, et que les intérêts de cette dot courent de plein droit à partir du jour du mariage, même s'il y a terme pour le payement, à moins qu'il n'y ait une clause spéciale différente.

Le mari seul a l'administration des biens dotaux pendant le mariage. A ce titre, il est tenu de toutes les obligations de l'usufruitier, et encourt la responsabilité des prescriptions acquises et des détériorations résultant de sa négligence. Lui seul également a le droit de poursuivre les débiteurs et détenteurs du patrimoine dotal, d'en percevoir les fruits et revenus et de recevoir le remboursement des capitaux. On peut cependant stipuler par contrat de mariage que la femme touchera annuellement, sur ses seules quittances, une partie de ses revenus pour son entretien et ses besoins personnels. Le mari, sauf convention contraire, n'est pas obligé de fournir caution pour la réception de la dot.

Si la dot ou partie de la dot se compose d'objets mobiliers estimés dans le contrat, sans déclaration que l'estimation n'en vaut pas vente, le mari en devient propriétaire, et par suite ne doit que le prix d'évaluation. Au contraire, pour les immeubles dotaux, l'estimation n'en transporte point la propriété au mari, s'il n'y en a déclaration expresse. L'immeuble acquis des deniers dotaux, de même que l'immeuble donné en payement de la dot constituée en argent, ne sont soumis à la dotalité que si la condition de remploi a été insérée dans le contrat de mariage.

La loi consacre le principe de l'inaliénabilité des immeubles dotaux; ni le mari, ni la femme, ni tous les deux conjointement n'ont le droit de les hypothéquer ou de les aliéner pendant le mariage, à moins que l'aliénation ne soit permise d'une façon générale par les conventions matrimoniales, ou qu'ils ne se trouvent dans les cas d'exception limitativement prévus par le législateur. Ainsi, la femme peut, avec l'autorisation de son mari ou de justice, donner ses biens dotaux pour l'établissement de ses enfants issus d'un mariage antérieur; mais si elle n'est autorisée que par le juge, elle doit réserver la jouissance à son mari. Moyennant l'autorisation maritale, la femme a encore la faculté de se servir de sa dot pour établir les enfants communs. Les immeubles dotaux peuvent, en outre, être aliénés avec la permission de justice et aux enchères après trois affiches, pour tirer le mari ou la femme de prison, pour fournir des aliments à la famille, pour payer les dettes de la femme ou de ceux qui ont constitué la dot, quand ces dettes ont une date certaine antérieure au mariage. Il en est de même lorsqu'il s'agit de grosses réparations indispensables pour la conservation de l'immeuble dotal, ou en cas d'indivision avec des tiers de cet immeuble reconnu impartageable. Dans ces deux hypothèses, l'excédent du prix de vente au-dessus des besoins constatés demeure dotal, et il en doit être fait emploi comme tel au profit de la femme. L'échange de l'immeuble dotal contre un autre immeuble ayant la même valeur jusqu'à concurrence des quatre cinquièmes est permis moyennant la justification de son utilité et le consentement de la femme, à la condition d'obtenir l'autorisation de justice et de faire procéder à une estimation par experts que le tribunal nomme d'office. Ces formalités accomplies, l'immeuble reçu en échange a le caractère dotal; l'excédent du prix est soumis à la dotalité et il en doit être fait emploi dans l'intérêt de la femme. La règle de l'inaliénabilité fléchit encore dans le cas d'expropriation pour cause d'utilité publique, sauf le remploi de l'immeuble exproprié, et la jurisprudence admet enfin que la femme est responsable de ses délits ou quasi-délits sur ses biens dotaux.

Les aliénations indûment faites en dehors de ces divers cas peuvent être révoquées à la requête de la femme ou de ses héritiers après la dissolution de l'union conjugale ou après la séparation de biens, sans qu'on puisse leur opposer aucune prescription pendant la durée du mariage.

Le mari lui-même peut, au cours du mariage, faire révoquer ces aliénations, mais il demeure tenu à des dommages-intérêts envers l'acquéreur à qui il n'a pas révélé dans le contrat la nature dotale du bien vendu. Les immeubles dotaux déclarés inaliénables sont imprescriptibles durant le mariage, mais cette disposition ne s'applique pas après la séparation de biens qui peut toujours être demandée par la femme, quand sa dot est mise en péril.

On sait que la jurisprudence, bien qu'aucun texte ne l'édicte formellement, a étendu le principe de l'inaliénabilité à la dot mobilière. Le droit romain ne l'admettait pas ; mais postérieurement, sous notre ancien régime, les pays de droit écrit l'avaient généralement adopté. C'est en invoquant ces errements du passé et certains arguments de texte tirés des dispositions qui permettent à la femme d'aliéner les *biens dotaux* et non pas seulement les *immeubles ou fonds dotaux* pour l'établissement de ses enfants à elle ou des enfants communs, qu'on en est arrivé à conclure que, puisque la loi se croyait obligée d'édicter une exception portant sur tous les biens dotaux, c'est que ces biens étaient inaliénables quelle que fût leur nature, mobilière ou immobilière. Si ce principe est encore discutable en doctrine, il ne l'est plus dans la pratique, et l'on doit se borner à en induire que la jurisprudence a fait œuvre de législation pour donner satisfaction aux exigences d'un état social qui s'est notablement modifié depuis la promulgation du Code civil. Notre société est devenue plus commerciale, plus industrielle qu'elle ne l'était en 1804 ; la richesse mobilière s'est accrue dans des proportions qu'on ne pouvait même pressentir à cette époque. Les dots, composées d'effets mobiliers, titres de rente, actions, obligations des sociétés de finance et d'industrie, sont devenues aussi nombreuses qu'elles étaient rares autrefois. Aussi le juge, dans le but de sauvegarder les intérêts de la femme, s'est-il cru obligé de créer plutôt que de dire le droit.

La restitution de la dot, lorsqu'il s'agit d'immeubles ou de meubles non estimés dans le contrat de mariage ou mis à prix avec déclaration que l'estimation n'en ôte pas la propriété à la femme, doit être faite par le mari ou ses héritiers, sans aucun délai, après la dissolution du mariage. Si la dot consiste en argent, ou en meubles dont le mari devient propriétaire, elle ne peut être exigée qu'un an après la cessation du mariage. Le mari n'est responsable du dépérissement des meubles dont la propriété est restée à la femme qu'autant qu'il provient de sa faute ; s'ils ont dépéri par suite de l'usage, il rend ceux qui restent dans l'état où ils se trouvent. Toutefois la femme peut, dans tous les cas, retirer les linges et hardes à son usage actuel, sauf à précompter leur valeur, lorsque ces linges et hardes ont été primitivement constitués avec estimation. Quant aux obligations ou constitutions de rente qui ont péri ou ont subi des dépréciations sans la faute du mari, celui-ci n'est pas responsable et, en rendant les titres, il est quitte envers la femme. A la dissolution du mariage, si un usufruit a été constitué en dot, le mari ou ses héritiers doivent le restituer, mais non les fruits recueillis pendant la durée de l'union conjugale.

Après un laps de dix ans écoulé depuis l'échéance des termes stipulés pour le payement de la dot, la femme ou ses héritiers peuvent, lors de la cessation du mariage, la répéter contre le mari sans être tenus de prouver qu'il l'a reçue, sauf dans le cas où il justifierait de diligences inutiles par lui faites pour être payé. Si le mariage est dissous par la mort de la femme, le point de départ des intérêts à courir et de la restitution des fruits de la dot est fixé au profit des héritiers au jour de la dissolution. Si l'union prend fin par le décès du mari, la femme a le choix d'exiger les intérêts de sa dot pendant l'année de deuil, ou de se faire fournir durant le même temps des aliments aux dépens de la succession de son mari, le tout sans imputation sur les intérêts à elle dus. A la dissolution du mariage, les fruits des immeubles dotaux se partagent entre le mari et la femme ou leurs héritiers proportionnellement à la durée de l'union pendant la dernière année, et cette année commence à partir de la célébration du mariage. Si le mari est insolvable ou n'a ni art, ni profession au moment de la constitution de dot, la femme n'est tenue de rapporter à la succession de son père que l'action en remboursement qu'elle peut exercer contre celle de son mari. Mais en cas d'insolvabilité du mari postérieure au mariage, l'exercice par lui d'un métier ou d'une profession, la perte de la dot tombe à la charge exclusive de la femme.

Une disposition spéciale reconnaît aux époux le droit de stipuler une société d'acquêts juxtaposée au régime dotal.

Nous n'avons pas à parler des paraphernaux, qui ne nous semblent comporter aucune observation et dont les règles d'ailleurs ont la plus grande analogie avec celles qui régissent la séparation de biens contractuelle.

Cet exposé suffit pour apprécier les avantages et les inconvénients de la dotalité. Régime de conservation avant tout, le système dotal a pour conséquence de donner aux intérêts de la femme et de la famille une grande stabilité ; en préservant la dot contre toute atteinte de la part du mari ou des tiers, il la maintient intacte dans le patrimoine familial pour le plus sérieux avantage de la femme et des enfants. Grâce à des précautions compliquées, à des prohibitions sévères que sanctionnent de multiples garanties, le mari, simple dépositaire de la dot, ne peut l'aliéner qu'en des cas tout exceptionnels, et ainsi se trouvent assurées les ressources à venir de la famille ; c'est là un inappréciable bienfait et il semble à première vue qu'un tel régime matrimonial donne à l'intérêt privé largement sauvegardé et à l'intérêt public, qui ne saurait demeurer étranger ou indifférent à la conservation des biens dotaux, toute la satisfaction qu'ils comportent. Il en pourrait être ainsi assurément si la dotalité n'était, dans sa redoutable complexité, un singulier mélange de bien que nous venons de mettre en relief, et de mal dont nous allons nous rendre compte. Lequel des deux l'emporte ? Telle est la question qu'il faut résoudre pour décider si le régime dotal doit être maintenu dans nos lois, et sa conservation étant admise, s'il n'est pas nécessaire de le réformer.

Sous bien des rapports, ce régime prête largement à la critique à raison même de l'immoralité des résultats auxquels il

aboutit. Supposons que le mari ait, sous les yeux de sa femme,
qui ne peut l'ignorer, contracté des dettes pour lui rendre la
vie plus facile et plus agréable, pour donner aux enfants une
instruction plus étendue et une éducation plus brillante. La
femme, incontestablement, bénéficie de ces avantages et des
dépenses qui les procurent. On se demande alors pourquoi elle
ne contribuerait pas au payement des dettes et au remboursement des emprunts dont elle a tiré profit. Et malgré l'inaliénabilité dotale et l'intérêt général que présente la conservation
des dots des femmes, on ne peut s'empêcher de trouver inique
un régime qui leur permet d'évincer légalement et sans autre
forme de procès les créanciers qui ont eu confiance dans leurs
maris et leur ont loyalement prêté des fonds pour soutenir leur
maison, peut-être dans un moment de crise, pour leur éviter
une ruine imminente. Ces malheureux, qui n'ont eu d'autre
garantie que la bonne foi de leurs débiteurs, verront leurs lé-
gitimes demandes repoussées par l'effet des prohibitions dotales ! N'y a-t-il pas là quelque chose qui répugne à la conscience
publique comme à la conscience individuelle, et qui porte
atteinte à ces notions de justice et de moralité qui font l'hon-
neur de la nature humaine?

Les tiers, sous ce régime matrimonial, sont toujours les
victimes désignées pour subir pertes et préjudices. Supposons
tout d'abord qu'un acquéreur de bonne foi ait acheté un bien
dotal des deux époux qui, étrangers au pays par lui habité,
affirment s'être mariés sans contrat. Le mari et la femme, dont
le but, en agissant de la sorte, a été de contracter un emprunt
déguisé, dissipent la somme d'argent qu'ils se sont frauduleu-
sement procurée, et quelques années après, pendant le mariage
même, le mari fait révoquer l'aliénation, ou lors de la dissolution, ce sont la femme ou ses héritiers qui en provoquent la
révocation. Le tiers-acquéreur, qui, de la meilleure foi du
monde, n'a pu se prémunir contre une situation de fait qui
lui était inconnue, va probablement perdre son prix de vente,
car le recours qu'il a le droit d'exercer contre le mari plus ou
moins solvable sera trop souvent illusoire, ou bien l'engagera
dans de longues et onéreuses procédures. Dans une autre hypothèse, admettons que l'acheteur ait eu connaissance de
l'adoption du régime dotal par les époux. Il y avait lieu à un

remploi conventionnel ou légal. Le malheureux acquéreur n'a pas suffisamment surveillé la manière dont s'est effectué ce remploi, ou encore il a été trompé par des mensonges intéressés sur la consistance et la valeur de l'immeuble subrogé à la dotalité du fonds aliéné. C'est encore lui qui en pâtira, et qui, après de dispendieux procès, sera déclaré responsable de la différence de prix entre l'immeuble dotal originaire et celui qui l'aura remplacé. Dans ces conditions, on est bien forcé de reconnaître qu'un tel régime matrimonial, s'il assure aux intérêts de la femme des garanties et une stabilité très précieuses, fait peser sur les tiers une regrettable insécurité en les exposant, sans moyens de défense suffisants, aux pièges que leur tendent des vendeurs de mauvaise foi.

De là à rendre difficile et onéreux tout crédit pour les époux, il n'y a qu'un pas pour le régime dotal, et ce pas ne va pas tarder à être franchi. Le mari est commerçant, ou encore il a une situation d'affaires momentanément obérée, mais ne se trouve pas dans les cas d'exception que comporte l'inaliénabilité dotale. Il voudrait réaliser un emprunt de quelques milliers, de quelques centaines de francs peut-être qui le remettrait à flot, ou tout au moins conjurerait sa ruine. Vainement il s'adresse à divers prêteurs : le régime dotal et ses périls les épouvantent. Il ne peut se procurer d'argent : le voilà en faillite, le voilà perdu, tandis qu'une somme modique l'aurait sauvé. Si par hasard il trouve des fonds à emprunter, c'est à des conditions draconiennes ; alors le payement des intérêts, comme un ulcère rongeur, dévore à la longue ses modestes ressources, et pour avoir été retardé, son désastre, au bout d'un temps plus ou moins long, n'en sera pas moins inévitable.

Au point de vue économique donc, le régime dotal est funeste, puisqu'il constitue une entrave pour le crédit auquel, à notre époque d'existence et d'affaires intensives, il est bien difficile que, dans un moment donné, on ne soit pas obligé de recourir. Mais là ne se bornent pas les inconvénients de la dotalité ; contrairement à l'intérêt général, elle fait obstacle aux transactions immobilières, elle paralyse la libre et féconde circulation de la propriété pour y substituer un stérile état de stagnation dans les mêmes mains, et c'est là pour cette même propriété une cause incessante de dépréciation. Le régime dotal modifie les conditions d'exploitation des fonds soumis à la dotalité d'une façon désavantageuse, obligeant la personne qui est domiciliée dans le Nord à conserver dans le Midi des immeubles que son absence et la discontinuité de sa surveillance rendent moins productifs, celle qui possède des propriétés d'agrément à ne pas les remplacer par des propriétés de revenu ; et rive en quelque sorte pour la vie, les époux au bien dotal dont ils ne peuvent tirer tout le profit réalisable.

Ces inconvénients sont considérables, on ne saurait le méconnaître. Aussi, un certain nombre d'économistes, et parmi eux M. Batbie, ont-ils nettement proposé la suppression du régime dotal.

Tout en reconnaissant la valeur des motifs dont ils s'inspirent, nous ne saurions les suivre dans cette voie. On ne peut, en effet, priver des populations nombreuses du bénéfice d'un régime matrimonial auquel les rattachent des habitudes séculaires, pour y substituer soit la communauté de biens, soit la séparation, qui répugnent à leurs mœurs sociales. Ce serait, croyons-nous, ouvrir la porte à l'arbitraire et faire échec au grand principe de la liberté des conventions qui exige que toute femme majeure, que toute femme mineure, assistée de ses représentants légaux, puissent stipuler toutes conditions qui leur conviennent, pourvu que ces conditions ne soient pas contraires à l'ordre public.

Mais s'il n'y a pas lieu d'abolir le régime dotal, c'est assurément le cas de le réformer. Nous allons donc, en suivant l'ordre des matières du Code civil, indiquer successivement les modifications qu'il paraît nécessaire d'apporter à son organisation actuelle.

Les principes qui régissent la déclaration expresse de dotalité et la constitution de dot étant rationnels et logiques, ne comportent aucune observation. Mais il en est autrement des règles édictées en ce qui concerne l'administration et les pouvoirs du mari sur les biens dotaux, ainsi que leur inaliénabilité. A cet égard, nous admettrons, pour certaines des réformes à adopter, qu'en général les dispositions de la loi doivent être en harmonie avec le principe de la conservation du patrimoine dotal en la possession des femmes, qui est la caractéristique du régime dotal, et que les dérogations dont il est susceptible ne peuvent que faire l'objet de stipulations spéciales entre les contractants.

Le mari est administrateur des biens dotaux, il en a l'usufruit, et à ce titre c'est lui qui perçoit les fruits et revenus avec lesquels il subvient aux besoins du ménage; mais les économies qu'il réalise lui appartiennent en propre, à moins que, par une clause du contrat de mariage, le régime dotal n'ait été combiné avec la société d'acquêts, ainsi que la loi le permet. Ce résultat, pour être parfaitement légal, est loin d'être toujours juste. Souvent la femme a été l'âme de la maison; c'est grâce à ses goûts d'épargne, à sa gestion intelligente pendant de longues années, à ses efforts personnels pour diminuer les dépenses et augmenter les profits que les époux ont pu prospérer et mettre de côté chaque année une portion des revenus qui ont accru la fortune du mari. Ne serait-il pas équitable que l'on tînt compte de ce fait et qu'on modifiât la situation juridique de la femme de manière qu'à la dissolution de l'union conjugale elle pût prendre sa part dans les économies? Or, cela est impossible sous le régime dotal pur, et si elle ou les siens, au moment de la célébration du mariage, ont omis de faire insérer dans le contrat une clause portant qu'il y aurait communauté d'acquêts, elle est irrévocablement déchue de tout droit sur l'accroissement de patrimoine du ménage. Pour remédier à cette iniquité légale, il n'y a qu'à déclarer que le régime dotal doit être réputé se combiner de plein droit avec une société d'acquêts, à moins qu'il n'y ait une déclaration contraire formelle. Nous n'aurons plus alors à constater, comme cela nous est arrivé dans le cours d'une carrière déjà longue, avec quelle amertume certaines veuves se voient, après la mort de leurs maris, contraintes d'abandonner aux héritiers de ces derniers les augmentations de patrimoine auxquels elles ont contribué largement. Il nous souvient surtout d'une femme respectable qui, ne pouvant concevoir qu'elle n'eût pas un droit de copropriété sur les économies réalisées en grande partie par ses soins, remettait avec dépit à ses petits-enfants les louis et les billets trouvés dans la succession de son mari en leur disant : « Vous voulez prendre mon argent, le voilà. » Est-il besoin d'ajouter que, fidèle à sa conception personnelle du régime dotal, elle ne remit pas tout le numéraire dont elle était détentrice. Mais comme elle n'était pas dissipatrice, ce reliquat se retrouva après sa mort.

L'estimation de la dot donne lieu aux dispositions les plus disparates. Tantôt, si la dot consiste en tout ou en partie en objets mobiliers, cette estimation vaut vente, et le mari devient propriétaire de ces objets, sauf déclaration contraire. Tantôt, s'il s'agit d'immeubles, l'évaluation faite au contrat de mariage n'en transporte pas la propriété au mari, à moins qu'il n'y ait une clause expresse en ce sens. Ainsi, la présomption de propriété varie selon qu'il s'agit de meubles ou d'immeubles, sans doute en vertu du vieil adage qui veut que la possession des objets soit dénuée de valeur. Ce n'est pas sur des bases aussi mobiles et aussi instables que doit reposer la règle par suite de laquelle le mari est constitué propriétaire : à notre avis, puisque le régime dotal a pour caractère principal la conservation des biens dotaux, le législateur, logique dans l'application de son principe, doit décider que la femme gardera la propriété de son patrimoine mobilier ou immobilier, s'il n'y a pas dans le contrat de mariage de convention contraire formelle. Nous n'admettrions d'exception que pour ces choses fongibles qui se consomment par un usage quotidien.

Prenons bien garde, d'ailleurs, aux conséquences préjudiciables que ces prescriptions légales peuvent entraîner pour la femme. Si l'on en croit la doctrine avec **MM**. Rodière et Pont, et **M**. Guillouard, la présomption de propriété, qui résulte de l'évaluation de l'objet mobilier, ne s'applique pas seulement aux meubles corporels, mais encore aux meubles incorporels. L'article 535 du Code civil se prêterait à cette interprétation. La question, toutefois, ne laisse pas d'être controversée, parce que l'article 1567 dudit Code déclare que le mari n'est pas responsable quand les obligations ou constitutions de rente ont péri ou bien subi des dépréciations ou retranchements qu'on ne peut imputer à sa négligence, et qu'il doit être tenu pour quitte moyennant la restitution des titres. Mais si l'on veut bien rechercher la portée de cette disposition, on est obligé de reconnaître qu'elle se réfère aux contrats civils de rente et aux actes contenant obligation de payer des sommes d'argent, et nullement aux actions ou obligations de sociétés financières ou industrielles, non plus qu'aux rentes d'Etat. A la réflexion, on voit que le mari est considéré, dans cet article 1567, comme un dépositaire, tenu par conséquent d'apporter à la conservation de ces obligations et constitutions de rente le soin qu'il apporte à la conservation des titres analogues lui appartenant en propre. Il n'y a donc pas, selon nous, antinomie entre les deux textes qui prévoient la remise entre les mains du mari de valeurs incorporelles si différentes par leur nature. En admettant même que l'estimation ne rende pas le mari propriétaire des titres mobiliers dont il s'agit, il y a avantage, pour éviter d'inutiles controverses, à dire nettement que la propriété en reste à la femme. Si, au contraire, par suite de l'estimation, les valeurs en question appartiennent au mari, la réforme que nous proposons ne peut être que défavorable aux intérêts de la femme. Dans le cas, en effet, où cette dernière a reçu en dot des titres de rentes d'Etat, des obligations ou actions industrielles et financières estimées au cours moyen de la bourse du jour où le contrat de mariage a été passé et où il s'est produit ultérieurement une plus-value, elle n'en saurait bénéficier, puisque ces valeurs sont devenues la propriété du mari. Il faut donc obvier à un résultat aussi exorbitant en spécifiant dans la loi que, sauf stipulation expresse en sens contraire, l'estimation ne vaudra jamais vente.

Le principe de l'inaliénabilité dotale avec ses règles inflexibles, ses exceptions strictement limitées, est beaucoup trop absolu. Sous le prétexte de protéger les femmes, il se retourne contre elles et peut quelquefois amener le ruine du ménage ; tout au moins il pousse les époux, en vue de l'éluder, à user de manœuvres dolosives pour surprendre la religion du juge et violer les dispositions légales. Ne serait-il pas préférable à tous égards d'y apporter quelques tempéraments, et en s'inspirant des besoins sociaux et économiques de notre époque, d'atténuer les rigueurs d'un système dont les conséquences sont parfois si regrettables, à la condition, bien entendu, d'entourer de sérieuses garanties l'aliénation du bien dotal ?

Dans cet ordre d'idées, M. Paul Gide a proposé que les biens dotaux puissent toujours être aliénés à charge de remploi, et que ce remploi soit toujours réalisable non seulement en immeubles, mais encore en rentes sur l'Etat, en actions de la Banque de France, obligations du Crédit Foncier ou des chemins de fer français, c'est-à-dire en valeurs de premier repos. L'éminent juriste ne subordonne pas l'aliénation à une autorisation de la justice, ce qui nous paraît critiquable. Ne faut-il pas, en pareille occurrence, assurer la conservation du patrimoine de la femme et imposer au mari un frein contre ses propres entraînements? D'ailleurs, cette faculté de remploi en bonnes valeurs, même avec la permission de justice, n'est pas sans inconvénients, car en dépit de toutes les précautions prises, elle ne tend à rien moins qu'à l'abolition indirecte du régime dotal et peut ainsi compromettre les intérêts de la femme.

Le même auteur, allant plus loin, voudrait que l'aliénation des biens dotaux pût toujours s'effectuer sans remploi avec l'autorisation de la justice, et que, moyennant cette dernière condition, la femme eût la faculté d'engager le patrimoine dotal et de subroger à son hypothèque. Qui ne voit qu'un tel système serait la suppression de la dotalité? Or, il n'est pas bon d'arriver par voie indirecte à faire ce qu'on n'a pas voulu réaliser directement. Nous ne devons donc proposer aucune réforme de nature à faire dévier le régime dotal du but important qu'il se propose : la conservation de la dot dans l'intérêt de la femme et de la famille, mais il est certainement utile de modifier dans une mesure rationnelle l'inaliénabilité dotale telle que notre législation la comprend actuellement.

Cette règle, en effet, est beaucoup trop rigide pour se prêter aux besoins économiques et sociaux d'un siècle où le crédit est le facteur essentiel de la vie des individus et des collectivités; faute de souplesse, elle ne saurait s'adapter aux nécessités pratiques en présence desquelles les époux peuvent se trouver placés. D'où cette conséquence que les dispositions trop absolues du Code ayant le tort d'être en bien des circonstances difficilement applicables, il faut donner au régime dotal une élasticité suffisante pour que le juge ne soit pas constamment enfermé dans d'inéluctables restrictions. On y parviendra en conférant aux tribunaux des pouvoirs plus considérables, et une large faculté d'appréciation en ce qui touche l'opportunité qu'il peut y avoir d'aliéner les biens dotaux. Craint-on que la justice, impuissante à remplir sa mission protectrice des intérêts des femmes, ne se laisse aller à rendre des décisions qui leur porteraient préjudice ? Ce serait méconnaître l'esprit qui anime notre magistrature, toujours favorable aux faibles et aux incapables dont elle constitue la meilleure garantie. Organes des besoins sociaux et individuels de notre époque, initiés aux nécessités économiques que leur révèle la pratique quotidienne des affaires, les tribunaux sauront élargir sans danger les limites de l'inaliénabilité dotale, favoriser le crédit des époux, et en leur permettant de consentir au moment voulu un sacrifice nécessaire, ils les préserveront de la ruine en face de laquelle les dispositions de la loi les laissent trop souvent désarmés.

Rien n'empêcherait donc d'édicter qu'en dehors des cas où il s'agit de l'établissement des enfants, les biens dotaux de la femme pourraient être aliénés ou hypothéqués avec l'autorisation de justice toutes les fois que l'aliénation ou la constitution d'hypothèque serait motivée par une utilité ou une nécessité évidente. Telle est la solution du Code civil italien ; elle nous paraît de beaucoup préférable au système trop restrictif qu'admettent plusieurs autres législations.

La prohibition d'aliéner le bien dotal est sanctionnée, ainsi qu'on le sait, par le droit du mari de faire révoquer l'aliénation, pendant le mariage, lorsqu'il a dissimulé à l'acquéreur la nature dotale de l'objet vendu, et par la faculté qu'ont la femme ou ses héritiers d'en provoquer la révocation lors de la dissolution. Si cette dernière disposition est indispensable pour la sauvegarde des intérêts de la femme, ce qu'on ne saurait méconnaître, il nous paraît sans grande utilité pour celle-ci, et même immoral d'accorder au mari le droit de demander l'annulation de la vente, alors que c'est lui qui a trompé le tiers de bonne foi en lui cachant que le bien vendu est dotal. Qu'il reste sous le coup d'une action toujours possible en dommages-intérêts fondée sur ses regrettables agissements, ce n'est que ce qu'il a mérité, et on ne peut lui attribuer, même au profit de sa femme, la faculté d'exciper de sa faute pour en faire anéantir les conséquences par les tribunaux. Mais, va-t-on dire, la femme va se trouver ainsi privée d'une garantie qui est précieuse lorsque le mari est insolvable. Telle n'est pas notre intention : nous conférerons à la femme dûment autorisée par la justice, et non par son mari, trop intéressé peut-être à refuser son consentement, le droit de faire révoquer pendant le mariage les aliénations indûment faites.

Cette menace d'action en révocation suspendue sur la tête des tiers pendant dix ans constitue un sérieux obstacle aux transactions. Avec les embûches qu'il présente, avec les procès et les contestations dont il est la source, le régime dotal est défavorable à la circulation des biens, et trop souvent il écarte les acquéreurs. De là une certaine dépréciation des propriétés soumises à la dotalité. Ne pourrait-on pas remédier à cet inconvénient en restreignant la durée des demandes en révocation, et cela sans que les femmes ou leurs héritiers puissent en souffrir ? Nous le croyons, et en conséquence nous limiterions l'exercice de l'action révocatoire à deux années courant à partir de la découverte des conditions indues dans lesquelles l'aliénation aurait été consommée.

Mais si la vente irrégulière avait eu lieu de concert entre les deux époux, par suite de manœuvres pratiquées en vue de faire fraude aux dispositions de la loi, et si la femme n'avait pas intenté sa demande en révocation dans le délai légal, il adviendrait que la conservation des biens dotaux au profit de la famille serait en péril. Ce serait là un grave inconvénient, car nous ne devons pas oublier que dans notre droit français l'inaliénabilité de la dot a été établie non pas dans l'intérêt exclusif de la femme, mais dans un intérêt familial. Il est donc nécessaire de conférer aux héritiers le droit de faire révoquer les aliénations pendant deux années à dater de la dissolution du mariage.

Le meilleur correctif de la dotalité est la faculté de remploi moyennant laquelle les biens dotaux peuvent être aliénés, sauf à être remplacés par d'autres biens de même valeur. On aperçoit de suite l'importance de cette atténuation à la rigueur primitive du régime dotal : à l'immobilité absolue dans la composition de la dot se substituent certaines modifications plus souples et plus avantageuses qui n'excluent ni les garanties utiles, ni une suffisante stabilité. Il faut que la femme accepte formellement le remploi. Ce remploi est conventionnel quand il est stipulé dans le contrat de mariage, et légal lorsqu'il résulte de dispositions spéciales qui le rendent obligatoire. En principe, actuellement il n'est astreint à aucun délai ; il peut être fait pendant le mariage, après la séparation de biens et même après la dissolution. C'est au mari, en sa qualité d'administrateur des biens dotaux, qu'incombe la charge d'effectuer le remploi, et la femme peut, en vertu des clauses de son contrat, lui intenter pendant le mariage une action pour le contraindre à remplacer l'immeuble dotal vendu. La sanction contre le mari, c'est qu'il est passible de dommages-intérêts envers sa femme. De son côté, en cas d'absence de remploi, ou si ce remploi est incomplet et insuffisant, l'acquéreur du bien dotal, qui est strictement chargé d'en surveiller la réalisation et la régularité, est également tenu d'indemniser la femme. Il semble donc, au premier abord, que ces garanties pécuniaires, édictées contre le mari et contre l'acquéreur du bien dotal, suffisent à sauvegarder les intérêts de la femme, et que si les tiers encourent quelques responsabilités, cela ne peut provenir que de leur faute.

C'est là une grosse erreur, et l'on trouve dans les recueils de jurisprudence des espèces dans lesquelles la femme, trompée par le concert frauduleux du mari et de l'acheteur du bien dotal, s'est vue surprendre son consentement à un remploi fictif ou insuffisant. C'est ainsi qu'en 1889, une dame de Bellerive, grâce à la complicité de son mari avec un banquier véreux, un notaire, un tiers sans scrupules et à l'imprudence d'un agent de change, fut dépouillée de valeurs mobilières dotales s'élevant à 85,000 francs, qui furent remplacées par une grève stérile ne valant que 5,300 francs. Dans d'autres circonstances, il a été également constaté que le tiers acquéreur de l'immeuble dotal, induit en erreur soit par les allégations non contrôlées du mari et de la femme, soit par la quittance mensongère demandée par les époux au vendeur de l'immeuble acheté à l'avance pour remplacer le bien frappé par la dotalité, s'est trouvé engagé dans d'onéreuses instances et, déclaré responsable, a été condamné à des dommages-intérêts et à des dépens considérables.

Est-ce que dans ces diverses éventualités il n'y aurait pas lieu de donner aux femmes comme aux tiers des garanties spéciales pour les mettre à l'abri de l'insécurité que présentent parfois certains remplois? Cela serait d'autant plus nécessaire que, si nos souvenirs sont exacts, il s'est fondé, il y a quelques années, des agences véreuses dont la spécialité consistait précisément à procurer des remplois fictifs. Si les tiers sont menacés d'encourir une responsabilité presque inéluctable, alors qu'ils sont plutôt victimes des circonstances que de fautes caractérisées, ils n'achèteront les biens dotaux qu'à des prix inférieurs dans le but de compenser les risques qu'ils courent, et c'est la femme, en définitive, qui aura à souffrir de cette dépréciation de son patrimoine.

Voici donc le remède que nous proposerions. La femme et le tiers responsable du remploi auraient devant les tribunaux une action en homologation, en justification, en complément de ce remploi, laquelle serait dirigée contre le mari et l'acquéreur si elle était intentée par la femme, ou contre les deux époux si elle émanait de l'acheteur du bien dotal. Un délai de deux ans, à partir de la réalisation du remploi, leur serait accordé pour exercer leur droit. Passé cette date, le remploi deviendrait inattaquable au regard des divers intéressés. Ce mode de procéder, ne peut, ce semble, qu'être avantageux dans l'intérêt privé et même dans l'intérêt général, puisqu'il assurerait la sécurité des transactions et enrayerait sans doute la diminution de valeur des biens dotaux.

En ce qui concerne l'inaliénabilité de la dot mobilière, nous estimons que si le principe est utile, — car à notre époque de mobiliers somptueux, de collections artistiques de grand prix, de machinisme de valeur considérable, la possession des meubles n'est pas une chose insignifiante, — la base sur laquelle la jurisprudence l'a édifiée est trop fragile. Il est bon, par conséquent, qu'un texte formel vienne la consolider.

Les règles relatives à la restitution de la dot ne sauraient nous arrêter longtemps, car en général, sauf sur un point, elles nous paraissent rationnelles. On sait que si le mari a fait sur les biens dotaux des dépenses nécessaires, il a droit à une récompense égale au montant de la somme par lui employée ; pour les dépenses simplement utiles, au contraire, c'est seulement dans la mesure de la plus-value qui en résulte qu'il doit être indemnisé. Ceci ne nous paraît pas suffisant ; la ligne de démarcation entre ces deux sortes de dépenses est bien difficile à tracer, car ce qui est nécessaire est toujours utile, et ce qui est utile est souvent nécessaire. Aussi nous paraîtrait-il logique d'assimiler les impenses nécessaires et les impenses utiles. Nous voudrions donc que des dispositions expresses supprimassent toute distinction entre elles ; que le mari, pour s'en faire payer, eût à la dissolution du mariage le droit de rétention sur l'immeuble dotal, et qu'enfin ces deux espèces de dépenses pussent aussi bien l'une que l'autre se compenser avec les sommes dotales par lui dues à la femme, tandis que la jurisprudence actuelle n'admet cette solution que pour les dépenses nécessaires.

Telles sont les réformes que, d'après nous, il y a lieu d'introduire dans le régime dotal. En demandant que la société d'acquêts se combine de plein droit avec la dotalité, sauf stipulation contraire, en supprimant la présomption de propriété du mari au cas d'estimation de la dot mobilière, en donnant à la règle de l'inaliénabilité plus de flexibilité et de souplesse par le droit conféré aux tribunaux d'apprécier l'utilité ou la nécessité de l'aliénation, nous avons largement amélioré un système matrimonial défavorable au crédit et aux transactions. Poursuivant notre tâche, nous avons limité plus étroitement la durée dés actions en révocation des aliénations indûment effectuées, nous avons fourni les moyens d'assurer la sincérité et la validité des remplois, nous avons proposé l'adoption d'un texte formel qui consacre l'inaliénabilité de la dot mobilière, puis nous avons complété les règles relatives au payement des dépenses faites par le mari sur les biens dotaux. Ce sont là, croyons-nous, d'utiles modifications à la loi qui nous régit, et l'on est fondé à espérer que, grâce à cet ensemble de réformes, le régime dotal perdra ce caractère anti-économique et trop absolu dont l'effet est, en certains cas, de porter préjudice aux femmes mêmes qu'il a pour but de protéger.

TOULOUSE. — IMP. A. CHAUVIN ET FILS, RUE DES SALENQUES, 28.